LOI ÉLECTORALE

LE SCRUTIN DE LISTE

MODIFICATIONS

à l'article 14 du décret réglementaire du 2 février 1852
qui régit les scrutins
des collèges électoraux du département de la Seine

PROPOSÉES PAR

S. BEAUCAIRE AÎNÉ, ✳

ADMINISTRATEUR DE LA CAISSE D'ÉPARGNE ET DU BUREAU DE BIENFAISANCE
DÉLÉGUÉ CANTONAL
PRÉSIDENT DE LA 3e COMMISSION LOCALE DU 2e ARRONDISSEMENT DE PARIS

60, RUE D'ABOUKIR.

PARIS

IMPRIMERIE ET LIBRAIRIE CENTRALES DES CHEMINS DE FER

IMPRIMERIE CHAIX

SOCIÉTÉ ANONYME AU CAPITAL DE SIX MILLIONS

Rue Bergère, 20

1885

LOI ÉLECTORALE

LE SCRUTIN DE LISTE

MODIFICATIONS

à l'article 14 du décret réglementaire du 2 février 1852
qui régit les scrutins
des collèges électoraux du département de la Seine

PROPOSÉES PAR

S. BEAUCAIRE AINÉ, ✳

ADMINISTRATEUR DE LA CAISSE D'ÉPARGNE ET DU BUREAU DE BIENFAISANCE
DÉLÉGUÉ CANTONAL
PRÉSIDENT DE LA 3e COMMISSION LOCALE DU 2e ARRONDISSEMENT DE PARIS
60, RUE D'ABOUKIR.

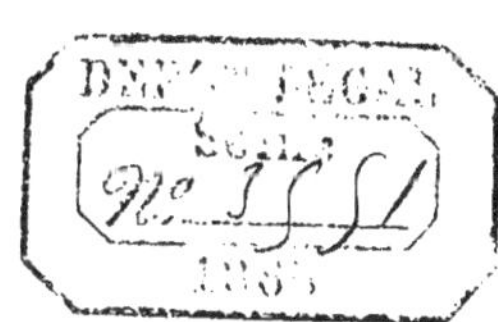

PARIS
IMPRIMERIE ET LIBRAIRIE CENTRALES DES CHEMINS DE FER
IMPRIMERIE CHAIX
SOCIÉTÉ ANONYME AU CAPITAL DE SIX MILLIONS
Rue Bergère, 20
1883

Paris, le 1er juin 1885.

A Monsieur le Président et à Messieurs les Membres de la Chambre des Députés.

MESSIEURS,

Le scrutin de liste ayant été rétabli et devant désormais être adopté, les élections prochaines pour le renouvellement de la Chambre des Députés auront une importance considérable, car, l'avenir de la France et sa prospérité, dépendent des candidats qui seront appelés à la composer.

Il est donc absolument nécessaire qu'elles soient faites avec plus d'ordre que précédemment, afin de prévenir des erreurs qui pourraient avoir les plus graves conséquences, et que ceux qui se présenteront aux suffrages de leurs électeurs, aient déjà donné des preuves de **capacité, d'énergie et de patriotisme.**

A cet effet, et ayant eu l'honneur d'être désigné depuis quinze ans, pour présider diverses sections électorales dans le 2me arrondissement, je crois devoir vous signaler plusieurs lacunes que j'ai constatées dans la loi électorale pendant l'exercice de mes fonctions, **et notamment dans les dispositions de l'article 14 du Décret réglementaire du 2 février 1852,** qui régit les scrutins des collèges électoraux du département de la Seine.

Conséquemment, Messieurs, pour que vous puissiez juger avec connaissance de cause, combien il importe qu'elles soient comblées dans le plus bref délai, et de mettre un terme aux faits regrettables qui se produisent toutes les fois qu'il s'agit d'élections législatives ou municipales, **surtout à Paris,** je prends la liberté de rappeler ici, les articles 10, 11, 12, 13 et 14 du décret précité, bien que vous en ayez connaissance, et de soumettre à votre éminente appréciation les moyens pratiques et faciles de modifier l'article 14 en question.

DÉCRET RÉGLEMENTAIRE DU 2 FÉVRIER 1852

TITRE II

Des Collèges électoraux

« ART. 10. — Les Collèges électoraux ne peuvent
» s'occuper que de l'élection pour laquelle ils sont
» réunis.

» Toutes discussions, toutes délibérations leur sont
» interdites.

» ART. 11. — Le Président du Collège ou de la
» Section a seul la police de l'Assemblée.

» Nulle force armée ne peut, sans son autorisation,
» être placée dans la salle des séances, ni aux abords
» du lieu où se tient l'Assemblée.

» Les autorités civiles et les commandants mili-
» taires sont tenus de déférer à ses réquisitions.

» ART. 12. — Le bureau de chaque Collège ou sec-
» tion est composé d'un président, de quatre mem-

» bres assesseurs et d'un secrétaire choisi par eux
» parmi les électeurs.

» Dans les délibérations du bureau, le secrétaire
» n'a que voix consultative.

» Art. 13. — Les Collèges et Sections sont prési-
» dés par les maires, adjoints et conseillers munici-
» paux de la commune; à leur défaut, les présidents
» sont désignés par le maire, parmi les électeurs
» sachant lire et écrire.

» **A Paris,** les Sections sont présidées dans chaque
» arrondissement par le maire, les adjoints **ou les**
» **électeurs désignés par eux.**

» Art. 14. — Les assesseurs **sont pris suivant**
» **l'ordre du tableau, parmi les conseillers muni-**
» **cipaux sachant lire et écrire; à leur défaut, les**
» **assesseurs sont les deux plus âgés et les deux plus**
» **jeunes électeurs présents sachant lire et écrire.**

» **A Paris**, les fonctions d'assesseur sont remplies
» dans chaque section par **les deux plus âgés et les**
» **deux plus jeunes électeurs présents** sachant lire
» et écrire. »

Ainsi, **en province,** les sections sont présidées par
les maires, adjoints ou conseillers municipaux· et **les**
assesseurs sont pris parmi les Conseillers munici-
paux suivant l'ordre du tableau; à leur défaut, par
les deux plus âgés et les deux plus jeunes électeurs
présents à l'ouverture du scrutin.

Les bureaux peuvent donc être formés **avant le jour des élections** et fonctionner à heure fixe.

. Tandis **qu'à Paris**, les présidents sont les maires, adjoints ou des électeurs désignés par eux, **et les fonctions d'assesseurs sont remplies, non par des conseillers municipaux suivant l'ordre du tableau, puisqu'ils ne sont que 80 pour les 20 arrondissements lesquels renferment:**

245 sections, et qu'il faut pour former le bureau de chacune :

5 assesseurs, soit ; 1.225
plus, 25 scrutateurs pour dépouiller
le scrutin, soit. 6.125

Total . . . 7.350 électeurs **qui n'y sont pas obligés.**

Il en résulte donc, que **les Présidents doivent, quelques jours avant les élections, faire des démarches auprès des électeurs de leur section et les prier de se rendre au scrutin un quart d'heure avant l'ouverture,** afin de pouvoir former les bureaux et commencer à recevoir les votes.

. Voici au surplus, Messieurs, ce qui arrive constamment :

Les scrutins doivent être ouverts à 8 heures du matin ; les Présidents sont généralement arrivés à 7 heures 3/4, mais **la plupart du temps, ils s'y trouvent seuls, malgré les promesses qui leur ont été faites par les électeurs.** Ceux qui s'y présentent pour voter à cette heure matinale, sont souvent **des employés ou des ouvriers qui ont besoin d'être à leurs**

bureaux ou à leurs ateliers à heures fixes, sous peine de perdre le salaire de leur journée ou de le voir réduire ; beaucoup d'autres ne sont ni préparés **ni aptes à remplir les fonctions d'assesseurs et moins encore celles de secrétaires,** de sorte que, les bureaux tardant une heure et quelque fois plus, sans pouvoir être formés, les électeurs fatigués d'attendre **s'en vont sans voter** et fort contrariés avec raison, de n'avoir pu remplir leurs devoirs de citoyens; ce qui explique un certain nombre d'abstentions.

Mais, s'il y a des difficultés, ainsi que je viens de le prouver, à trouver cinq électeurs pour chaque section, afin que les bureaux puissent fonctionner à heure fixe, il y en a de bien plus grandes à rassembler les 25 scrutateurs, à 6 heures du soir, heure à laquelle ferme le scrutin **et où on se rend chez soi pour dîner,** qui consentent **volontiers** à consacrer leur soirée, **parfois plusieurs jours et même plusieurs nuits,** pour s'occuper du dépouillement des suffrages, ainsi que **cela eut lieu le 8 février 1871, lors des élections des 43 députés** pour le département de **la Seine, où on fut obligé de prendre et de rétribuer des employés qui n'avaient pas qualité pour remplir ces fonctions, pour pouvoir terminer les opérations du vote et rédiger les procès-verbaux.**

Je me permets même, Messieurs, d'ajouter que dans le 2me arrondissement, où j'eus l'honneur d'être désigné à cette époque par l'honorable M. Tirard, sénateur, qui remplissait alors les laborieuses fonctions de maire, pour présider l'une des importantes sections de la Bourse, il nous fallut **demander des**

**scrutateurs à la mairie et avoir recours au dévoue-
ment des gardes nationaux,** pour qu'il n'y ait pas
d'interruption dans le service et remplacer les
électeurs qui, épuisés de fatigue ou pour toute autre
cause, avaient dû quitter les sections et n'y étaient
pas revenus.

Je dois aussi, Messieurs, vous faire savoir qu'en
1871, j'ai constaté, la présence d'un **Belge,** que je
reconnus à son accent, **occupé à une table de scru-
tateur,** lequel, sur mes observations qu'il fallait
être Français et électeur pour aider au dépouillement des suffrages, me répondit qu'il était entré
pour voir comment on procédait, et **qu'à défaut de
scrutateurs en nombre suffisant,** on l'avait prié de
prêter son concours, ce qu'il avait fait avec plaisir ;
je l'invitais alors à se retirer, mais il revint le len-
demain, ce qui m'autorisa à supposer qu'il était
délégué par quelqu'un, et à suspecter sa présence,
au point que je dus lui enjoindre de quitter la section,
ce dont il parut très contrarié.

Enfin, Messieurs, je ne doute pas que les faits qui
précèdent ne soient suffisants pour que vous preniez
des mesures afin qu'ils ne se renouvellent pas.

Il s'agirait simplement de remplacer **l'article 14**
déjà cité, du décret réglementaire du 2 février 1852,
que je me permets de replacer ici sous vos yeux,
lequel est ainsi conçu :

« Art. 14. — Les assesseurs **sont pris, suivant
» l'ordre du tableau, parmi les conseillers muni-
» cipaux** sachant lire et écrire, **et, à leur défaut,**

» **les assesseurs sont les deux plus âgés et les**
» **deux plus jeunes électeurs présents à l'ouverture**
» **du scrutin,** sachant lire et écrire. »

Par un article unique, libellé comme suit :

Art. 14. — Il est tiré au sort, 15 jours avant les élections, sous la présidence de M. le Préfet de la Seine, en présence des Maires des 20 arrondissements, **parmi les électeurs inscrits par ordre numérique** et pour chaque section :
1° 15 numéros pour remplir les fonctions d'assesseurs.
2° 35 numéros pour remplir les fonctions de scrutateurs.
   50 numéros.
Deux Secrétaires pris parmi les assesseurs sont nommés par les membres du Bureau, à la majorité des voix.

Les assesseurs doivent être présents à leur section respective, un quart d'heure avant l'ouverture du scrutin ; et les scrutateurs une demi-heure avant la fermeture.

Ceux des assesseurs ou des scrutateurs désignés par le sort, qui ne se seront pas rendus à leur section aux heures indiquées, et qui n'auront pas fait savoir, 48 heures avant le jour des élections, les causes qui les en auront empêchés, **seront rayés des listes électorales et privés dans ce cas, du droit de voter.**

Telles sont, Messieurs, les modifications que j'ai cru devoir vous proposer, pour que les élections puissent être faites régulièrement et avec plus d'ordre, **les Bureaux pourront alors être formés avant le**

jour des élections et fonctionner à l'ouverture des scrutins et dès leur clôture, on aura le personnel nécessaire pour procéder facilement au dépouillement des votes.

J'ose donc espérer, Messieurs, que vous en reconnaîtrez l'utilité et même **l'urgence,** car différemment il se reproduirait assurément les difficultés qui eurent lieu le 8 février 1871, lesquelles causeraient non seulement de **nombreux et coûteux ballotages,** mais aussi, **justifieraient la nullité des élections.**

S. BEAUCAIRE Aîné, ✳,

ADMINISTRATEUR DE LA CAISSE D'ÉPARGNE ET DU BUREAU DE BIENFAISANCE,
DÉLÉGUÉ CANTONAL,
PRÉSIDENT DE LA 3ᵉ COMMISSION LOCALE DU 2ᵉ ARRONDISSEMENT DE PARIS.

60, RUE D'ABOUKIR.

IMPRIMERIE CHAIX. — RUE BERGÈRE, 20, PARIS. — 13944-5.